TAN LAPLI

MAX GREGORY ST FLEUR

Webversity

Tan Lapli

Max Grégory St Fleur

Webversity Publications™
Chicago, Illinois USA

Tan Lapli
ISBN-13: 978-0615706702
ISBN-10: 978-0615706703

Kreyòlab
Vye Ewòl / Erold Saint Louis, Prezidan-Fondatè
Dabòn (Leyogàn) / Chicago, IL 60645
www.kreyolab.com
(561) 290-3376

Desen kouvèti: Daniel Désir
Desen Ilistrasyon: Vye Ewòl
Webversity Design Studio
www.webversitydesign.com

Fòmatin e Enpresyon: Webversity Publications™
PO BOX 597201 Chicago, IL. 60659
www.webversitypublications.com
info@webversitypublications.com
Telefòn: (773) 931-9559

Dedikas

Pou SÒVÈTYEN

Jou yo ale, jou yo tounen
ti lanp limen, ti lanp tenyen solèy
gade je moun fou
nan po tèt mwen
tout lòbèy lachè
pèdi chèlbè nan jwèt kat make

briz la vini sanzatann
pòtre tranblemann-tè
efase w nan miwa lamitye

lamitye n deja janbe fwontyè letènite
solèy pa ta dwe janm pran tan
leve

Pou

Fanm vanyan sa ki fè m wè jou: Isemanie Thélusma,

Gason kanson sa ki mete m sou de pye militè m:

Chrisma Saint Fleur;

Sè m yo

Pou Maxandre Bien Aimé ak Jefté Thélisma

Pou

Kòd lonbrik mwen : Landys Hollywoood Présumé

«Chak grenn pwezi
S' on loray k ap gwonde
Nan fant janm rèv nou»

Vye Ewòl (Erold Saint-Louis)
Bonnanj Pwezi (2005)

Tan Lapli

Nan kò
mwen ak ou
sous pete

jouk vil la pwatrinen
nan pye kabann nou

16 - Max Grégory St Fleur

M pote dèy pou lorizon
ki boukante rèv
ak lannuit

m s' on lanp chire
debout
nan absans ou

se an kachèt
m chèche chemen
ki mennen m
nan zile w

chak fwa tristès ponyade m nan do
se nan foto w
m jwenn rekonfò

m pase swaf
kou anvi m
nan gout dlo je lapli

nan jouk ou m anvi liminen
m nan bra w m anvi pwomennen

Jounen yo lote nan chak pa
nan chak bri souvnans

sezon lapli pot van nan très chive w

glas je w
miwa lavi m

glas je w
memwa lanvi m

……

kite m lanbe moso solèy

nan frison kò w k ap piwèt

anba chema dwèt mwen

Bri kouri
men l pa gen pye;
nouvèl gaye
rèv nou pile nan pilon

bri pye w
se son klòch pou lamarye

lè w kouri
flè woz wouj pete
pran plasman pye w

kouri sou mwen cheri
souri pou mwen cheri

souri w bay solèy
pinga leve

souri w bay lalin
pinga seren

Fenèt,
Fenèt,
fenèt!
je Bondye anlè fetay kay nou

fenèt tripòt!
fenèt paladò!
fenèt jouda!

nan tan lapli
nan fenèt mwen
je wè ... bouch pe
nanpwen tèt nanpwen kò

fènèt
adye Ooo!

Zèklè fele file travèse m
zèklè gouye goudiye rapyetè
anwo m

lannuit tache kole sou po m
nan yon komedi yayagwovant
m pa voum m pa prèt

mwen ak ou
pòtre de vivi melovivi
nan anbyans jwèt lalin

tout venn kòm se vazkominikan
anvi w wayaje m

lè sa atò
m santi m tè
m santi m dlo
mwen ak lakansyèl twoke koulè
sou fèy kaye kwadriye
pou desinen w

Lapli galope sou do tòl
tout chwal tanmen pyafe sou de pye

kò n fonn melanjan
ak bazilik Sen Pyè

m keyi de pwent tete w
kou grap rezen mi sou pye
nan men m yo pòtre bouke choublak

lè m ponyen pwent tete w
vwa w sonnen
kou twazyèm son klòch
k ap anonse mès katrè

se nan tan lapli
tout lamatyè m pran fòm
nan pip tabak ou

Chen jape mezi gòj yo
mezi lalwèt yo
lè sezon lapli tounen, tou nen l pou l bwè

tout fanm gen lodè tan lapli

Ewa ! ... Ewa a pou lapli

rèv la se yon kochma
k ap janbe lizyè
yon rafal gout lapli k ap janbe koridò

Tout fanm gen lòdè tan lapli
lapli tik!
lapli tak!

tik-tak lapli
mètrès lawouze lave je douvanjou

nan tan lapli timoun tire lobe
anba popyè je m

Van nòde detrese cheve w
souri w degrennen

cheri
lanmou n pa de pou senk
ann mache chèche chèche n a twouve

tan an
karyann karyann
van vante anonse karèm
jwèt sèvolan anlè

poutan
malgre tout sa
fanm nan al pran plezi l
nan yon albòm foto fantezi
yon jwèt sèvo lanvè
lalwèt pyese

Lè w la...
m dandine dodine
nan jwisans ti ponm malkadi

tout fraz sele selebride m
nan soutyengòj

lè w la...
m tete lang kreyòl tate trip foumi
lè w la tout poul jouke bwa a sizè

lè w la...
m kreve kwi
m kreve je nan kwi Gede Nibo

lè w la...
tout lèt nan alfabè
kanpe an pèdpawòl
nan sèman lamès dimanch

M rale kò m tou dousman anba ral yon fèy bannann
pou m pa lemante losti sakre konsakre

m rale kò m tou dousman nan riyèl tete w
pou pye m pèdi tè
nan soulye batèm ou

sakrilèj mwen: se ou
s'on solfèj sakre pwennfèpa
nan vilaj Dyedamou

lè w la…
m dezabiye tout mo damou

Lè w pa la atò...
zenglen rèv depatya
defalke m
an miyèt moso

lè w pa la
pòtvwa pot vwa m
ba ou nan makòn van
semenn sent

pwofesi lavi
pèdi nan filozofi pakoti
nan pawòl tèt padrèt ak priyè moun fou

lanm lanmè fèmen pòt sou mwen
pou m pa satouyèt lasirèn
k ap fofile sou sab rivaj
al goute gout lapli nan kokiy

m drivaye kò m nan alfabèt-Timalis
ak dlo kanmkanm

chak deboulonay tè mennen m
nan riyèl pye w
ak ri Timas

S' on briz ki pran men m
S' on briz ki mennen m
twa pas dlo mennen m nan rivaj ou
twa pas dlo mennen m rive jwenn ou

timoun je lasi timoun je drandran bay labalèn payèt
zonbi lib zonbi lanmou kouri woulib libelibè
nan liy vètikal kò n

tout chen fou
keyi mistè mond lan
sou bò gòch powèm nan

twa pas dlo
twa pas lanmou twa pas lanmò twa pas lavi

s' on briz ki pran men m
s' on briz ki mennen m

Si m di w
tout nyaj vwayajè vòltijè
pran eskal nan eskalye syèl la

lari a deloryòm
yon eskòt foumi fou eskalade m

m gen foli motorat
foli brèy dife
pou m kalbende valkande
anba jipon w

m gen foli
rèv kè tounen detounen
foli chan gèp chan myèl
foli chandèl limen nan kalfou

m gen foli loray kale m
bouji koule
manchèt koulin
foli biskèt tonbe leve

m gen foli lodè tè mouye
apre lapli fin kata
sou do tòl

foli pa m
s' on vil k ap anvlimen

Nan tèt mwen eskonbrit pete
tout bri mo ak bri motè
monte desann

rèv sa se miwa pawòl je klè

m ap viv nan lanvè kò w
syèl se revè tè

lapli : lavalas pise Bondye

Sant kò w: sitwonèl
m karikatire w nan lonbraj mwen
pou m renmen w tankou las sou lestomak chat gripe

tanpri...
fè m chen
pou m souse zo bò kòt
zo baskòt zo klimo ze kwele

fè m pèleren / pèlebren/ pèlen w
m a fè jenoufleksyon nan pye w:

Sen Mari Madelèn refij pechè!

tanpri!
fè m bawon abiye m koulè lannwit

mete m kanpe byen rèd
fè m vomi fyèl mwen nan devan simityè w

Aswè a
lalin janbe kalfou
lannuit kase pari

lari a toujou deloryòm

Mèt minui?
minui pa gen pyès mèt

ni gadò chèf bouda
pyès mèt pa ka mezire longè mèt kalfou / mèt minui

twèl patanlon m pa bèltwèl
m mezire mèt kalfou nan kanson

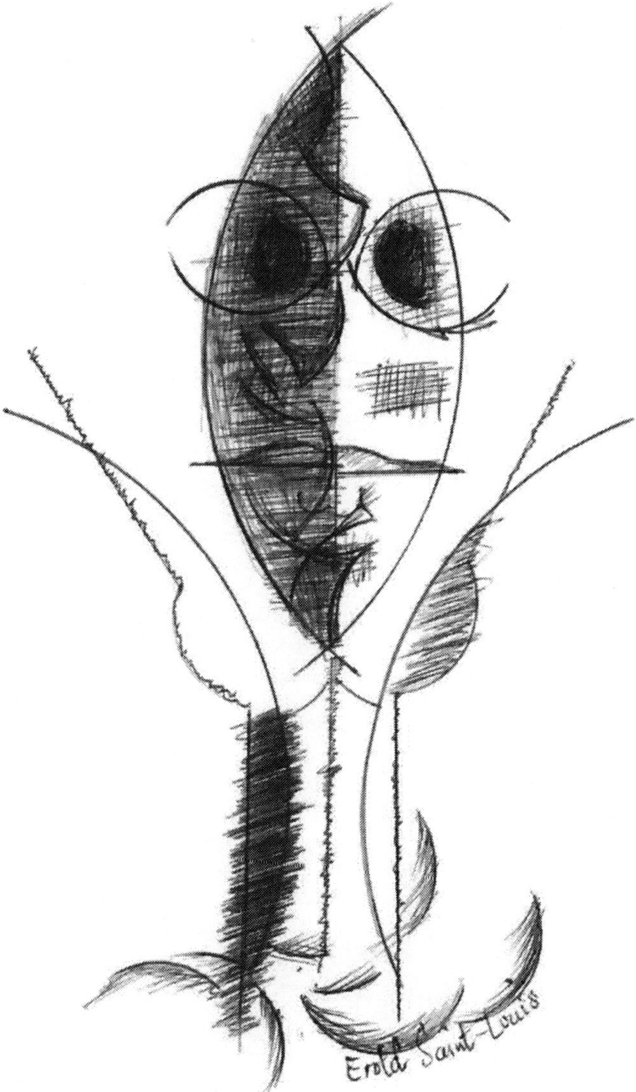

38 - Max Grégory St Fleur

Aswè a
rèv la kenbe m nan debout

deboutonnen m cheri
deboutonnen m kou bouton kòlèt
deboutonnen m cheri

aswè a
m bwè te / m brete

m bwè foli damou pou ou
m brete sou pye gòch

aswè a
tout vil la desann

kou lavalas ak tan lapli
rèv nou vwayaje nan menm koridò

Si m koute lannuit
m a touye l ak chay pote
lannuit vòlè somèy mwen
bay krab fè tou nan je m

lannuit vire m debò

lanuit simidò chante kantamwa
nan priyè...

lannuit: mayi m grennen nan gran lakou w
lannuit, lannuit, O o o!

lannuit mwen ye O o o!

chante priyè gate priyè
tab ogatwa ti twa-e-mwa
tan an travèse dòmi
m anbyè

Si m koute lannuit
k ap resite pwezi nan bèso
m a glise / file / fofile kò m
toudousman nan vilaj ou

lannuit…
tout zetwal aliyen
linivè s' on pòtchay dèyè

m vire livè lanvè

nan landrèt tout lòt sezon ;
sezon lapli

lannuit…
m bouske w
bouji nan men

Nyaj make syèl
ak tach lapli

desen nan syèl
de sen desann nan syèl

dlo pou lave
dlo pou pirifye / efase

nyaj make syèl
ak tach lapli
se papiyon Se Jan k ap banbile

lafoli kou brèy dife
apre yon ti farinay lapli

Tande lapli respire
(bri wòch anba dlo)

Tande limyè nan galta

(Loray k' ap woule wòch)

Georges Castera
(Blengendeng Bleng, 2005)

Se pa lapli
se wòch galèt
k ap bay lodyans
kase pari

lakansyèl kouri trese ti kouri sèt koulè l

gen mo ki bay vètij

m vire nan sans kontrè latè
malfini – mal enfini

m trase pasaj nan kòsaj ou
se pa lapli k ap tonbe

m koule anba po w
se wòch galèt :
m ap voye

Domaj!
do m laj
mo mezi bouch mo rabouch

gout lapli mezi gout dlo je
pa fè m pè

distans lan pwolonje absans ou

men wòch galèt
k ap fè dodomeya bò larivaj
aprann mwen tann tan an
nan flanm solèy

Fanm pa fout dra
s' on solèy k ap senyen san

nan jwisans mòn yo
zwazo rapas
jwe zo

isit
se nan kalbas koule
nou bwote dlo je

si fiyèl mouri
kòmè kaba
fanm pa fout dra
s' on rèv k ap kabicha

timoun fè so kabrit
granmoun pran so kabann

anverite sèt fwa,
fanm pa fout dra

tout gason se grenn pwomennen
k ap jwe zèl kat make
make pa sou plas
nan pawòl-van

tout moun fou
pot foli grandè
foli damou nan yon pòch chire dèyè

Gen jou k pa jou lalin
k ap fè piwèt
k ap fè womans ladouskivyen

gen jou ki debraye
gen jou k brete krebete

syèl : mach pye zetwal

Lalin pliye m an kat
nan chak katye kò w

se pa tout jou k jou lalin

nan je w lanmè pran koulè
nan je w lalin
rete kwoke

Pouki mès katrè?
leve maten ale lamès
nou di priyè chante kantik

Adye Bondye O o o!

moun yo di plis pase yo fè;
lakominyon san konfesyon

tout krikèt vonvon vennkatrè
jwe mizik nan mès katrè
katrè, lè mabouya
katrè, lè bourik ranni

dòmi katrè dòmi dire
ekstrèm onksyon

nuit la pa janm long pou granmèsi!

Ou leve sou mwen
tankou solèy balize dèyè mòn

chalè kò w apante m
chalè kò w lemante m
chalè kò w travèse m

solèy leve
solèy leve m

kò w se repozwa pou fèt dye

ou leve sou mwen
m kontinye ap jwe jwèt toupi
brase ren pase men bale wouze

seren af è m pè
se ren n k ap fè lapè

se men m k ap fè alevini

Tanm tanm!
g' on tanbou k ap jwe tanm-tanm nan san m

zenglen rèv fè toubouyon
g'on pwezi k ap jwe n ansanm

tan an boude sou mwen
tan an s' on tanbou de bouda

Ou gade m ak bouda je
tout ti bato
pran chimen lanmè

plim je m
chode nan dlo je

ou gade m ak bouda je

m sele lavi m
ak koupyè pantalèt
pou m vòltije
nan fas doub linivè

dlo je m
se dra blan ki vlope tout kò m

Lapèsòn O o o!
Lapèsòn O o o!
Lapèsòn O o o!

Ou mèt pran m an kalifouchon
Ou mèt pran m sèvi tòchon

Yo bay limyè a nan syèl la
tout zetwal kache kò yo anba nyaj gran jipon
fè ale vini nan mizik-van

yo bay limyè a nan syèl la
mak pye zetwal trase vèvè
retay zetwal mare ne kolye

jwèt zetwal se jwèt koken

kò m, doudou
ak kò w
jwe jwèt kach-kach liben sere liben

sere m nan bra w
sere m nan limit ou
limit mwen se ou
nan tout fanmite w

Lalin bese leve
kou bajou kase

solèy pa pè gad moun nan je
solèy pa pè pèpap

lalin ak solèy sa w pi pito?

lè lalin kaselezo
li akouche
mwen ak ou

M ap jwe serenad kè kontan
pawòl pantouf
lanjelis mezire

m renmen w nan rèl toutrèl

m pousiv ou
nan soupirans vag lanmè
m pousiv ou
sezon lapli sezon sechrès

tout rèv debraye
mache tèt anlè pye atè
mache pouse pousyè tè
pousyè pawòl

rèv mwen
drivaye douvan pòt ou

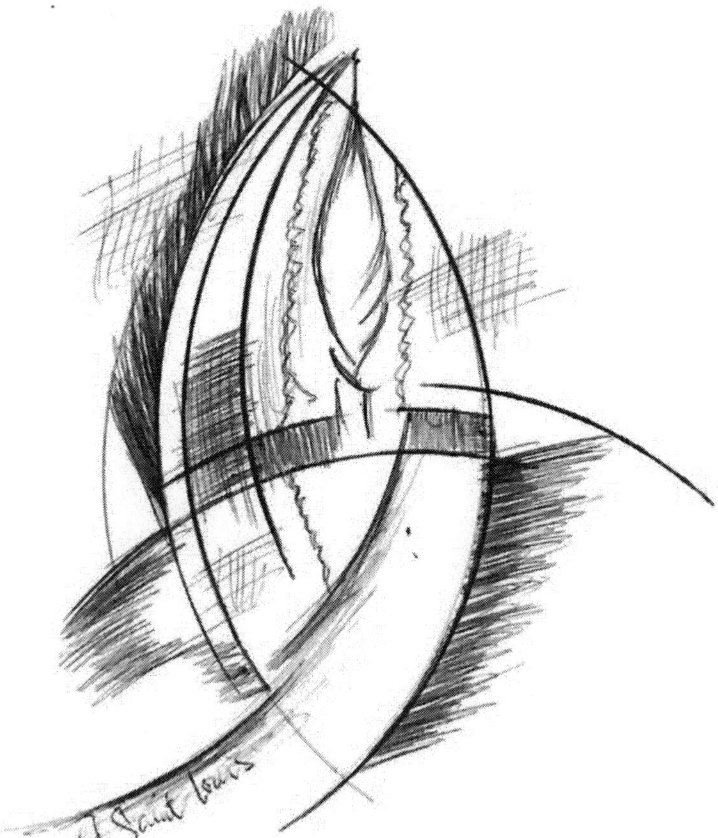

58 - Max Grégory St Fleur

Kò w
se jwèt timoun anba lapli bra w
zaviwon donnezon

Bonel Auguste
(Fas doub lanmò, 2000)

M pa ekri ak vag lanmè ni ak plim poul
se plim je m k ap neye
nan dlo je m

sou latè beni :
gen mo
gen mò
gen mò sibit
gen simbi nan dlo

sou latè beni :
gen mo
gen mòn
gen mòn dèyè mòn
gen mò-vivan

m pa ekri ak lanm lanmè
se plim je m k ap neye
nan dlo je m

Dans vag lanmè
anba ti vant
souf nou kwaze
nan kout tanbou

dans vag lanmè
fè zanj bwè dlo nan tout pla men

Se nan goute w
m konn solèy gen gou lapli

se nan kwen je w
m wè lanmè janbe lizyè

syèl ak tè
kole kole sou fontyè lorizon

se nan souf ou
briz la mennen m pwomennen

se nan piwèt ou
pye m glise

Rèv nou dòmi sou galata
lè nou kabicha
sou kat pye kabann

nou
pèdi nan yon vwayaj siwèl zetwal polè
k apante kat pwen kadino

m rekòlte rèv wòwòt sou pye
se nan pye w
rèv mwen reve
dòmi leve

m admire w chak swa
lè solèy pèdi wout nan dòmi m

souvnans mwen
se kò w atispent desinen
pou ekspozisyon
sosyete solèy

M vwayaje nan chak vwayèl
pou m travèse nuit la apye

vwayèl bouch bouche bouch
vwayèl nen machinen
vwayèl nen anrimen

m pa jwe ak koulè
m jwe ak mo
m bay mo koulè

Chak pli sou figi lapli
bay nyaj madichon
madoulè

m travèse nuit la nan vwa w
m travèse nuit la nan bra w
vwa w chante wosinyòl
bra w kwa Sen Andre

Se nan souri w
m fè liminasyon
se nan souri w
sousaflè souse flè

se nan souri w
rèv mwen pete pòt kraze rak

souri w :
bèlantre laposesyon

Se moso lalin m vin keyi nan je w
pou pase grangou lanmou
pou toutan

m wè n apre-lanmò
ap jouke pye lanmou
nan papòt simityè

[...] Vèb la konjige
nan men m tan ak silans kò nou

Mil ti bo marye sou bouch mwen
mil karès jwèt mòde lage

m se zòrye ou se bave
m se rèv ou se dòmi

dòmi nan rèv mwen cheri

sezon lapli
pote frechè w
nan po tach palmis sèch

nan dòmi kou nan lanmè
fanm pi lejè pase gason

Pou Landys H. Présumé

Se lanm lanmè ki pati avè w
solitid krèvkè
m ap senyen antravè

ou pa la… m delala
maldòmi malmakak lannuit move zanmi ipokrit
genyen m rezon

Adye fanm O !

m kriye lapli
m priye lapli
lanm lanmè bay zègrè
lannuit mawon makawon
m ap degoute tankou jeretyen nan boutèy

Chimen lanmè
pa chimen lanmou

se rèv ki chire dechire anboulatya

chimen lanmè gen gou brak
chimen lanmou gen gou rak

m ap kriye lapli
m ap priye lapli
pou w tounen san manke moso

Lanmou doub sis
mouri nan ren m

m anvi w mò rèd
nan men m

se nan lonbray ou
m vle men m pèdi ray
machin deraye debraye

se nan silans ou
latè louvri lalwèt
l anvi bwè gou lapli

lè nyaj ap kimen
m anvi wè lanmè iment ou wouj

lè solèy fin kouche
kite m kabicha nan silans ou

Chak kalezon foumi
trennen yon kreyè zetwal

chak kalezon foumi
mennen m trepase nan pousyè letènite

reflè solèy bay lapli mabyal
rechany koulè

se sou fèy papye blan
m rankontre m k ap konte mo
se sou fèy papye blan
m rankontre m k ap trese mo

pyese mo kou kanson kreve
tankou jwèt paten

pye mo yo glise sou kòtòf lestomak mwen

mo doulè k pran powèm madoulè
pou azil

Zonbi fè lago
ak timoun krik-krak
nan labrenndiswa

se timoun larezone if è lademand
pou lapli :

lapli vini vini !
M a ba w bonbon

se nan boukante sekrè ak rèv
m gen dòmi rekonesans

zonbi w mache nan rèv mwen
jouk m gen frison zotèy

se nan powèm nan
m dezabiye w
jan m pito

Nan powèm nan
m tounen kaskadè eskaladè poto maswife
nan jongle mo
nan zongle mo

nan powèm nan
gen mo ki wonfle nan dòmi
pou kòz gonfleman

m fè eskanmòtè
nan pawòl koupe souf
ak nan pawòl pèdisyon

Powèm nan
s' on mizik dodotitit
krab nan kalalou

powèm nan
s' on chaplè pelerinaj Kalvèdèmirak

pa gen powèm kaka zonbi
pa gen powèm konmkonm zonbi
pa gen pyès kreyòlofòb
kreyòlozonbi
ki ka abiye powèm nan an wameme

toutouni tou louvri
powèm nan

je fanm nan
s' on lanp bobèch tèt gridap

Pou Bosejou

(Se 8èm Seksyon nan Leyogàn)

-- bonjou madanm
-- bonjou misye

- *o o Bosejou !*

Yon ranje mòn *falèz lanmò deranje moun*
yon mezi sèl yon mezi sik

tout zwazo vole
pou mezire zèl yo *Bosejou O o o !*

yon mezi sèl yon mezi sik
Bosejou O o o !

jou pa leve pou nyaj kriye
jou pa leve pou nyaj kabicha
jou pale ⟶ *lannuit reponn*

-- bonjou madanm
-- bonjou misye

yon ranje mòn *deranje moun falèz lanmò*

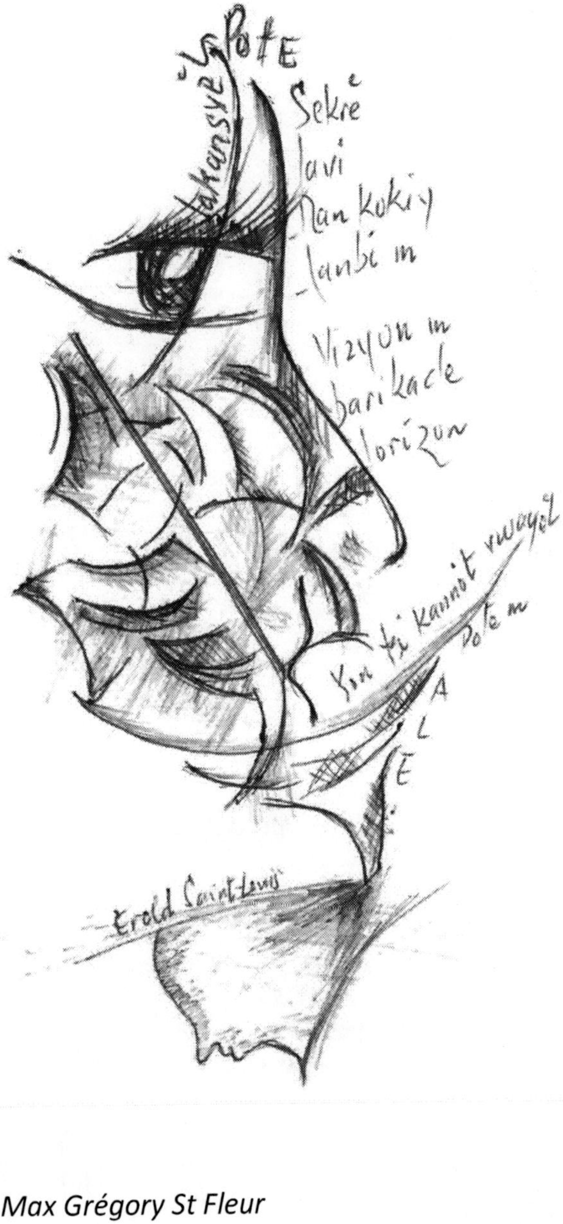
Sekrè
lavi
nan kokiy
lanbi m
Vizyon m
barikade
orizon
Pote m
Erold Saint-Louis

Bosejou O o o!
Leve, li jou
mare lapli / bare lapli / moso ganmèl

de ranje moun
deranje moun

Bosejou O o o!
si zandolit gen boul nan do
n a tire kont nan rèv moun fou

lavil nan pari lavi nan lari
Bosejou O o o!
Bon Sejou!

Pri otè a pran ak lòt powèm li deja pibliye:

Nwèl kanmenm (pri Belval FM 2010)

Au nom de l'amour (pri Cool Fm 2007)

Souvenir creux (2006)

Aba sida (pri Radyo Ste Croix 2005)

La perle noire brisée (pri Tsar Clown 2004)

Liv sa jwenn sipò:

KEPOMEK

KÈS POPILÈ MEN KONTRE

Se kès Pa m!

Kreyòlab

Liv sa a pibliye sou inisyativ www.Kreyòlab.com,
Mwa Septanm 2012.

Webversity Publications™
Chicago, Illinois USA

LIS LIV WEBVERSITY PUBLICATIONS DEJA PIBLIYE:

Liminasyon, *DORVILAS, Anderson (2012)*

Pwèl Nan Zo, *DORVILAS, Anderson (2012)*

Toutouni, *VYE Ewòl (2012)*

Pou acha ak distribisyon
www.webversitypublications.com
www.shop.webversitydesign.com
www.amazon.com
www.kreyolab.com
(561) 290-3376
773-931-9559

Enprime nan peyi Etazini, mwa Septanm 2012

WEBVERSITY PUBLICATIONS™

www.webversitypublications.com

info@webversitypublications.com

ISBN 978-0-615-70670-2